Cartas de Atributos de Mestria

CB072503

Peggy Phoenix Dubro

Cartas de
Atributos
de Mestria

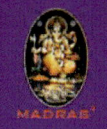

Publicado originalmente em inglês sob o título *Attributes of Mastery*, por Platinum Publishing House, PO Box 4357, Sedona, AZ 86 340 EUA, Tel: +1-928-284-3703, Fax: +1-928-284-3704, email: elan@emfworldwide.com, TheBalancingWork.com.

© 2011, Editora Platinum.
Direitos de edição e tradução para todos os países de língua portuguesa.
Tradução autorizada do inglês.
© 2013, Madras Editora Ltda.

Editor:
Wagner Veneziani Costa

Produção e Capa:
Equipe Técnica Madras

Revisão:
Renata Brabo

Dados Internacionais de Catalogação na Publicação (CIP)
(Câmara Brasileira do Livro, SP, Brasil)

Dubro, Peggy Phoenix
Cartas de Atributos de Maestria / Peggy Phoenix
Dubro. – São Paulo : Madras, 2012.
Título original: Attributes of mastery.

ISBN 978-85-366-2575-1

1. Baralho 2. Energia vital 3. Equilíbrio 4. Espiritualidade
5. Evolução espiritual 6. Oráculos I. Título.

12-04706   CDD-133.32

Índices para catálogo sistemático:
1. Oráculos : Cartas de Atributos de Mestria :
Ciências ocultas 133.323

É proibida a reprodução total ou parcial desta obra, de qualquer forma ou por qualquer meio eletrônico, mecânico, inclusive por meio de processos xerográficos, incluindo ainda o uso da internet, sem a permissão expressa da Madras Editora, na pessoa de seu editor (Lei nº 9.610, de 19.2.98).

Todos os direitos desta edição, em língua portuguesa, reservados pela

MADRAS EDITORA LTDA.
Rua Paulo Gonçalves, 88 — Santana
CEP: 02403-020 — São Paulo/SP
Caixa Postal: 12183 — CEP: 02013-970
Tel.: (11) 2281-5555 — Fax: (11) 2959-3090
www.madras.com.br

Índice

O Segredo Muito Simples da Mestria. 8
Irradiação de Energia Central (uma postura energética). 10
Usando "Cartas de Atributos de Mestria". 12

The Very Simple Secret of Mastery 14
Radiate Core Energy (an energetic posture) 15
Using "Practice Mastery Cards". 17

Das simple Geheimnis der Meisterschaft 24
Ausstrahlen der Core-Energie (eine energetische Haltung) 25
Anwendung der Practice-Mastery-Karten 27

Le Secret tout simple de la Maîtrise 34
Rayonner l'Énergie Centrale (une posture énergétique). 36
Utiliser les "Cartes de Pratique de la Maîtrise" 37

El Muy Simple Secreto de Maestría 44
Irradiar Energía Central (una postura energética). 46
Usando "Cartas para Practicar Maestría" 47

O segredo da mestria é enfim revelado... PRÁTICA!

Desde o início da civilização, a mestria espiritual foi cercada de mistério e cerimônias. Agora, o segredo foi revelado... você pode PRATICAR a mestria em seu cotidiano!

Nesta obra, você encontrará nossa primeira oferta de 44 atributos da mestria, suas definições e este livreto repleto de instruções simplificadas para ajudá-lo enquanto PRATICA a mestria. Eu sei que você já possui esses atributos de mestria e muitos outros. Essas cartas são um convite para enfatizar a expressão desses atributos e aumentar suas aptidões de cocriar uma vida iluminada, de acordo com sua sabedoria mais profunda, inata e completamente maravilhosa.

Reflita sobre o que significa para você viver a mestria... e PRATIQUE.

Na energia do amor,
Peggy Phoenix Dubro

Peggy Phoenix Dubro é palestrante e professora renomada, de porte internacional, além de criadora da ***EMF Balancing Technique®***. Acompanhada de seu marido Stephen, ela fundou **The Energy Extension, Inc.**, uma organização internacional com os praticantes e professores EMF em mais de 47 países. Peggy desenvolveu uma compreensão única do campo de energia humana, composto por fibras energéticas e de luz. Desde sua descoberta do UCL em 1988, ela se aplicou para mapear arduamente o *Universal Calibration Lattice®* (Entrelaçado de Calibragem Universal), sendo a autoridade mundial em destaque em relação à sua forma e sua função.

Após 24 anos de experiência sobre o domínio da anatomia de energia humana, Peggy se tornou um expoente no que diz respeito ao equilíbrio energético.

O Segredo Muito Simples da Mestria

Pense nos atributos da mestria. O que é mestria para você? Amor incondicional, paz, sabedoria, humor? Quando faço essa pergunta em aula, a lista pode ser bem longa, com as pessoas descrevendo o que acham que caracteriza um "mestre".

Adoro contar às pessoas o segredo da mestria. Falo aos alunos de todas as iniciações das marcas que tenho no corpo – eu fiz coisas que nunca lhes contaria –, tudo em nome do conhecimento de minha própria mestria. Esse conhecimento vem de... está pronto para saber? Em todos os meus anos de busca, o segredo da mestria encontra-se em uma única e simples palavra: PRÁTICA! Pratique a sua compaixão, pratique o seu amor e pratique a sua sabedoria. Pratique o que quer que a mestria signifique para você. Pratique a paciência consigo mesmo, com sua família, seus amigos e com cada ser humano que entre em contato com você. Quanto mais você pratica alguma coisa, melhor você se torna.

A oportunidade de praticar a mestria existe de maneira abundante em nossa vida diária. E do que mais poderíamos nos tornar mestres senão de nossas próprias vidas? Sua vida, como ela é exatamente agora, fornece a você todas as situações apropriadas e necessárias à prática da mestria. Há os que dizem: "Somos mestres e só precisamos nos lembrar disso". Ou: "Eu sou um mestre e sei disso!". Não importa o que digam; a mestria, como a iluminação, não é um objetivo distante. É um modo de viver a vida exatamente aqui e agora, e um verdadeiro mestre está constantemente crescendo em sua habilidade de cocriar a vida mais iluminada que puder. (Reparou que há um tema aqui?)

As mudanças acontecem e você pode se deparar com algumas situações em que sustentará muito bem a sua mestria. Irá conduzir-se de acordo com os seus mais elevados padrões. Mas haverá situações em que isso não ocorre e você não se conduz de acordo com sua mais elevada compreensão e perde a expressão de sua mestria. Quando isso acontecer, pense em como preferiria responder à situação. Então, exatamente como na música, levante-se, sacuda a poeira e dê a volta por cima. Eu lhe prometo: o Universo lhe dará a chance de praticar novamente! (e novamente, novamente e novamente!)

Sejam quais forem os atributos que você considere significativos, eles farão com que você adquira mais aptidão e força para fixar-se em sua própria mestria enquanto sustenta a postura de Irradiação de Energia Central.

Irradiação de Energia Central (uma postura energética)

Aqui está um exercício bem fácil, chamado "Irradiação de Energia Central", para ser utilizado em situações do cotidiano:

1. Focalize a atenção no centro da parte inferior do seu corpo. Diferencie, sinta, imagine ou mentalize um círculo de energia dourado, situado a 60 centímetros abaixo de seus pés. Conforme você se concentra no centro dessa parte inferior, deixe a energia agir abaixo e manifeste a intenção de uma conexão contínua. Pare um momento até se sentir confortável com a sensação de estar completamente preso.

2. Focalize sua atenção no centro da parte superior do seu corpo. Diferencie, sinta, imagine ou mentalize um círculo de energia dourado, situado a 60 centímetros acima de sua cabeça. Conforme você se concentra no centro dessa parte superior, deixe fluir a energia acima e manifeste a intenção de uma conexão contínua. Desfrute a sensação de "abrir-se" às energias superiores.

3. Agora, exprima a intenção de irradiar sua energia central em todas as direções, como a luz radiante e fluorescente de um raio, e, outra vez, sinta, intua ou pense na sensação de irradiar sua energia central. Enquanto você mantém sua energia nessa posição, a inteligência espiritual (e muito mais) passa a estar disponível.

Após se familiarizar com o desenrolar desse exercício, o que você precisa fazer é se concentrar brevemente nesses centros de energia. Você perceberá que se torna automático e bastante fácil dizer *"centro inferior, centro superior, irradiar energia central"*, assim como, silenciosamente ou em voz alta, manifestar a intenção de irradiar energia central. Pratique essa postura para que ela se estabeleça no seu dia a dia.

Uma característica essencial de irradiar e reforçar a energia central é o sentimento de paz profunda que ela provoca, não importando o que esteja se passando pela sua vida. Enquanto equilibra e irradia energia central, você irradia paz. Você pode realizar na tranquilidade da sua casa, no topo de uma montanha ou até mesmo na fila do supermercado. É possível fazer perguntas estando nessa postura, ou simplesmente usufruir dessa sensação sem perguntar nada. Você irá perceber que, com frequência, uma coincidência ou sincronicidade pode se produzir, sendo benéfica para você e para a situação pela qual esteja passando: manter a postura da energia central pode contribuir para produzir tais coincidências. Eu o convido para pensar em sua própria vida e qual o significado de cocriar a vida mais iluminada que existe.

Namaste, querido leitor,
Peggy Phoenix Dubro

Usando "Cartas de Atributos de Mestria"

Há 44 atributos de mestria nesta caixa de cartas. Suas definições são intencionalmente simples, projetadas para inspirar o pensamento e a compreensão do que os atributos significam para você. Quando estiver pronto,

- **Escolha um atributo que você gostaria de desenvolver** ou fortalecer em sua vida;
- **Leia a definição na parte de trás da carta que você escolheu**;
- **Crie uma ideia clara em sua mente** do que aquele atributo significa para você;
- **Olhe para a ilustração na parte da frente da carta.** Pare apenas alguns momentos e pense sobre a ideia que você criou em sua mente enquanto olhava para a ilustração;
- **Irradiação de Energia Central** (opcional – ver página 10);
- **Diga em voz alta ou silenciosamente**: "Eu recebo as oportunidades para praticar o atributo do(a)_____ de forma graciosa em minha vida diária. Conforme eu pratico minha mestria, eu cocrio a vida mais iluminada que posso!".

Se você desejar praticar um atributo de mestria que não esteja representado por uma das 44 cartas, escolha a carta sem nenhum atributo na parte da frente – a "carta do mundo" – e então prossiga como descrito acima.

The secret of mastery is finally revealed... PRACTICE!!!

From the beginning of civilization, spiritual mastery has been surrounded in mystery and ceremony. Now the secret is out... you can PRACTICE mastery in your everyday life! In this box you will find our first offering of 44 attributes of mastery, their definitions, a booklet with simple instructions to assist as you PRACTICE mastery. I know you already possess these attributes of mastery, and many more. These cards are an invitation to encourage the expression of these attributes, and to increase your ability to co-create an enlightened life in accordance with your innermost, innate, and most wonderful wisdom. Think of what living in mastery means to you... and PRACTICE.

In the energy of love,
Peggy Phoenix Dubro

Peggy Phoenix Dubro is a distinguished international speaker, teacher, and originator of the ***EMF Balancing Technique®***. Along with her husband Stephen, she is co-founder of **The Energy Extension, Inc.**, an international organization with EMF Practitioners and Teachers in more than 47 countries.

Peggy has developed a unique understanding of the human energy field as fibers of light and energy. Since her discovery of the UCL in 1988, she has diligently and extensively mapped the ***Universal Calibration Lattice®***, and is the world's foremost authority concerning its form and function.

She has over 24 years of experience working with the human energy anatomy, and has emerged as a leader in the field of energy balancing.

The Very Simple Secret of Mastery[1]

Think of the attributes of mastery. What does mastery mean to you? Unconditional love, peace, wisdom, humor? When I ask this question in class, the list can grow very long, as people describe their thoughts on what characterizes a "master."

I love to tell people the secret of mastery. I tell students of all the initiations I have had, of the marks on my body – and I've done things I wouldn't even tell them about – all in the name of knowing my own mastery. It all comes down to this... are you ready? In all my years of seeking, the secret of mastery, in one simple word, is PRACTICE! Practice your compassion, practice your love, and practice your wisdom. Practice anything that means mastery to you. Practice patience, with yourself, your family, your friends, and with every human being you come into contact with. The more you practice something, the better you become.

The opportunity to practice mastery exists abundantly in daily life. What are we to become masters of, if not our own lives? Your life, exactly as it is right now, provides you with all the appropriate situations you need to practice mastery. There are those who say, "We are masters and we just need to remember that." Or, "I am a master and I know it." And there are also those who say, "What? Me, a master? You must be kidding!" No matter

---

1. *Elegant Empowerment*, pp 72,73.

what your understanding, mastery, like enlightenment, is not some distant destination. It is a way of living life right here and right now, and a true master is constantly growing in the ability to co-create the most enlightened life they can!

Shift happens in life, and you may find in some situations you hold your mastery very well. You will conduct yourself according to your highest standards. Then there will be situations where you will not hold your mastery very well. You will not conduct yourself according to your highest understanding and the expression of your mastery was lost. When this happens, think of how you would have preferred to respond to the situation. Then, just like in the song, pick yourself up, dust yourself off, and start all over again. I promise you, the Universe will give you a chance to practice again! (and again and again!)

Whatever attributes are meaningful to you, you will find increased ability and strength to stand in your own mastery when you hold the posture of Radiating Core Energy.

Radiate Core Energy (an energetic posture)

Here is a simple exercise called, "Radiating Core Energy" to use in everyday situations.

1. Focus your attention in your center below. Sense, feel, imagine, or think about a golden ball of energy, located about 24 inches (60 centimeters) below your feet. As you focus your attention on your center below, direct your energy to flow downward and give the intent for a strong connection. Take a moment to be comfortable with the sensation of being well grounded.

2. Focus your attention in your center above. Sense, feel, imagine, or think about a golden ball of energy located 24 inches (60 centimeters) above your head. As you focus your attention on your center above, direct your energy to flow upward and give the intent for a strong connection. Enjoy the sensation of opening to your higher energies.

3. Now, give the intent to radiate your core energy in all directions, like a brilliant, fluorescent beacon. Once again you will sense, imagine, feel, or think about the sensation of radiating your core energy. When you hold your energy in this posture, spiritual intelligence (and much more) becomes available to you.

After you become familiar with the pattern of this exercise, you need only briefly focus on these energy centers. You will find that it becomes automatic and very easy to think to yourself *"center below, center above, radiate core energy"*, and then silently or aloud state the intention to radiate core energy. Practice this posture so that you may live in it daily.

A primary characteristic of radiating and strengthening the core energy is a feeling of profound peace, no matter what may be happening in your life. When you balance and radiate your core energy, you are radiating peace. You can do this in the quiet of your own home, on the top of a mountain, or in line at the supermarket. You can ask a question while in this posture, or simply experience what you feel without asking anything. You will notice that very often a coincidence or synchronicity may occur that is beneficial to you and the situation you are in. Holding the posture of core energy may contribute to producing these coincidences. I invite you to think about your life and what it means to you to co-create the most enlightened life you can.

Namaste, dear reader
Peggy Phoenix Dubro

Using "Practice Mastery Cards"

There are 44 attributes of mastery in this box of cards. Their definitions are intentionally simple, designed to inspire thought and understanding of what the attribute means to you. When you are ready,

- **Choose an attribute that you would like to develop** or strengthen in yourself
- **Read the definition on the back of the card you have chosen**
- **Create a clear idea in your mind** of what that attribute means to you
- **Look at the illustration on the front of the card.** Take just a few moments and think about the idea you have just created in your mind while you are looking at the illustration
- **Radiate Core Energy*** (optional – see page 15)
- **Say aloud or silently** – "I welcome opportunities to gracefully practice the attribute of_____in my everyday life. As I practice my mastery, I co-create the most enlightened life I can!"

If you wish to practice an attribute of mastery that is not represented by one of the 44 cards, choose the card with no attribute on the front – the "world card" and then proceed as described above.

Certification Trainings Phases I-IV

Anyone can learn to become a practitioner of the *EMF Balancing Technique®*, a simple human to human procedure that uses gentle, graceful movements. The energy is self-regulating and self-directing.

Universal Calibration Lattice® Workshop

This one day workshop contains important information for everyone, and is a pre-requisite for the Basic Practitioner Training. Study the Universal Calibration Lattice® (UCL) and learn how it affects daily life and spiritual growth. Learn unique energy exercises to enhance co-creative abilities.

Basic Practitioner Certification Training
Phase I – Wisdom and Emotions

Balances the head and the heart, resulting in stress reduction and an energy pattern of freedom and well being. Involves verbal permission from the recipient to participate in and allow the healing process.

Phase II – Self Direction and Self Support

Gracefully release karmic issues. The resulting new perspective promotes awareness of direction and support from within, making more energy available to you now.

Advanced Practitioner Certification Training
Phase III – Radiate Core Energy

Experience your spiritual intelligence. Aligns energy centers, strengthening expression through the heart center. Hold your truth in daily life.

Phase IV – Energetic Accomplishment

Balance through your Personal Potential Prism, a dynamic and creative connection to communicate with Potential Self.

Teacher Certification Training available!

Certification Training Phases V-VIII

The first four phase's of the *EMF Balancing Technique®* created an energetic foundation to support your ability to "co-create the most enlightened life you can". The focus of Phases V-VIII is the Practice of Mastery in everyday life. These phases strengthen the energetic patterns of mastery and lead to a fuller expression of the attributes of mastery you already carry within you.

Overview of a Practice Mastery Session
Each time a session is offered, it is as unique as a fingerprint...

Before the start of each Phase V-VIII session, the EMF practitioner takes a few minutes for a pictorial review, presenting to the client illustrations of the *Universal Calibration Lattice®*, the energetic templates of Phases I-IV, and then introducing the energetic templates of Phases V-VIII.

Phase V- Template of Infinite Love

The Phase V template encompasses an area that includes the Heart Center, High Heart Center, the throat, all the small energy vortices around the mouth, and the center on the tip of the nose.

Phase VI – Templates of Infinite Compassion

There are two separate templates in Phase VI, one for each hand. The area that each template encompasses includes the energy center in the middle of the hand and all the small energy vortices throughout the fingers.

Phase VII – Templates of Infinite Presence

There are two separate templates in Phase VII, one for each foot. The area that each template encompasses includes the major energy center on the top and bottom of the foot, and all the small energy vortices on the soles of the feet and around the toes.

Phase VIII – Template of Infinite Wisdom

The Phase VIII Template encompasses all the points of light contained within the brain, and all of the energy vortices associated with the Crown Center. The energy and color of all the templates in Phases V-VIII is platinum, signifying a catalytic element that contributes to the accelerated resonance of the Crown Center.

Heart of the Phoenix

A series of one day workshops presented around the world by *Peggy Phoenix Dubro*.

Experience the new energy dynamics! Empower the transitional energies within you to co-create your most enlightened life! Every human being has the right to know and manifest their empowerment right now.

Go to www.EMEWorldwide.com for current dates and description.

Testimonials

"The EMF Balancing Technique® has quickly become one of the most practical and effective programs available to those walking in the New Energy."

USA

"When I do an EMF session on a client my 'heart sings', these are the closest words I can find to describe this incredible feeling. Iam deeply grateful to have been afforded the opportunity to practice this profound modality. I feel that this is what I came 'here' to do."

South Africa

"More than mere training, this technique is a way of life, a career, a step into the future, a gift, a blessing. Very exciting!"

USA

"I experienced the original resonance of who I am present in every fiber of my being."

Mexico

"The environment of love and trust, the feeling of family was a beautiful resonance; The step-up in the energy level was profound – the infinite possibilities of developing the 44 attributes of mastery (and more) are mind boggling."

Belgium

"Phase V-VIII continues/deepens the foundations built in I-IV. Now I understand why we do the work the way we do – brilliant."

Germany

Das Geheimnis der Meisterschaft ist endlich gelüftet.... PRAKTIZIERT!!!

Seit Anbeginn der Zivilisation ist spirituelle Meisterschaft von Geheimnissen und Zeremonien umgeben.

Jetzt ist das Geheimnis gelüftet .... Ihr könnt Meisterschaft im täglichen Leben PRAKTIZIEREN.

In dieser Schachtel findet ihr ein Angebot von 44 Eigenschaften der Meisterschaft, ihre Definitionen und ein kleines Büchlein mit einfachen Anweisungen, die euch beim PRAKTIZIEREN der Meisterschaft helfen sollen.

Ich weiss, ihr besitzt diese Eigenschaften der Meisterschaft schon – und viele mehr.

Die Karten sind eine Einladung, diese Eigenschaften mit Leben zu füllen. Und ihr könnt damit eure Fähigkeit erhöhen, ein erleuchtetes Leben in Übereinstimmung mit der Euch innewohnenden, angeborenen und wunderbarsten Weisheit zu ko-kreieren.

Denkt darüber nach, was es für euch bedeutet Meisterschaft zu leben... und PRAKTIZIERT es!!

In der Energie der Liebe
Peggy Phoenix Dubro

Übersetzung: **Dr. Ingrid Brechtel**

Peggy Phoenix Dubro ist eine herausragende internationale Referentin, Lehrerin und Begründerin der *EMF Balancing Technique*®. Gemeinsam mit ihrem Ehemann Stephen ist sie Mitgründerin der **Energy Extension Inc.**, einer internationalen Organisation mit EMF Praktizierenden und Lehrern in mehr als 47 Ländern. Peggy hat ein einzigartiges Verständnis des menschlichen Energiefeldes entwickelt, das aus Lichtfasern und Energieströmen besteht. Seit ihrer Entdeckung des UCL im Jahr 1988 hat sie sorgfältig und ausführlich das *Universal Calibration Lattice*® (Universelles Kalibrier Gitter) aufgezeichnet. Sie ist weltweit die führende Autorität, was die Form und die Funktion des UCL betrifft.

Sie besitzt mehr als 24 Jahre Erfahrung in der Arbeit mit der menschlichen Energieanatomie, und sie ist eine der führenden Persönlichkeiten auf dem Gebiet der Energie-Balance.

Das simple Geheimnis der Meisterschaft[2]

Denke an die Eigenschaften der Meisterschaft. Was bedeutet Meisterschaft für dich? Bedingungslose Liebe, Frieden, Weisheit, Humor? Wenn ich diese Frage während des Unterrichts stelle, kann die Liste sehr lang werden, wenn die Teilnehmer ihre Vorstellungen beschreiben, was einen „Meister" charakterisiert.

---
2. *Siehe Potenziale der inneren Kraft*, S. 82.

Ich liebe es mit Menschen über das Geheimnis der Meisterschaft zu sprechen. Ich erzähle den Kursteilnehmern von all den Einweihungen, die ich hatte, von den Narben an meinem Körper (und ich habe Dinge getan, von denen ich lieber nichts erzähle), und alles mit dem Ziel, meine eigene Meisterschaft zu erfahren. Am Ende läuft es darauf hinaus ... bist du bereit für das Ergebnis? Nach all meinen Jahren des Suchens erkannte ich: das Geheimnis der Meisterschaft besteht in einem einzigen einfachen Wort, es lautet „PRAKTIZIERE!". Praktiziere dein Mitgefühl, praktiziere deine Liebe und praktiziere deine Weisheit. Praktiziere alles was Meisterschaft für dich bedeutet. Praktiziere Geduld mit dir selbst, deiner Familie, deinen Freunden und mit jedem Menschen mit dem du in Kontakt kommst. Je häufiger du etwas praktizierst, desto besser wirst du.

Die Möglichkeit, Meisterschaft zu praktizieren, gibt es im täglichen Leben in Fülle. Worin sollten wir Meister werden, wenn nicht in unserem eigenen Leben? Dein Leben, wie es jetzt gerade ist, bietet dir genau die Situationen, die du brauchst, um Meisterschaft zu praktizieren. Da gibt es Menschen die sagen:

Das simple Geheimnis der Meisterschaft

„**W**ir sind Meister und wir brauchen uns nur daran zu erinnern." Oder: „Ich bin ein Meister und ich weiß es." Und da gibt es auch Menschen die sagen: „Was? Ich, ein Meister? Dass ich nicht lache!" Egal, was du darunter verstehst, Meisterschaft ist, ebenso wie Erleuchtung, kein fernes Ziel. Es ist ein Weg, das Leben gerade hier und jetzt zu leben. Ein wahrer Meister wächst ständig in seiner Fähigkeit, erleuchtetes Leben zu ko-kreieren!

Wandel geschieht in deinem Leben, und in manchen Situationen praktizierst du Meisterschaft sehr gut. Du wirst dich entsprechend deinen höchsten Ansprüchen verhalten. Dann wird es Situationen geben, bei denen du deine Meisterschaft nicht sehr gut zeigst. Du wirst dich nicht entsprechend deinen höchsten Vorstellungen verhalten und die Ausdruckskraft deiner Meisterschaft geht verloren. Wenn dies geschieht, denke daran, wie du gerne auf die Situation reagiert hättest. Dann steh wieder auf, schüttle den Staub ab und beginn wieder von vorn. Ich verspreche dir, das Universum wird dir eine Chance geben, wieder zu praktizieren (wieder und immer wieder).

Welche Eigenschaften auch immer bedeutungsvoll für dich sind, du wirst die Fähigkeit und Stärke verbessern, deine eigene Meisterschaft zu leben, wenn du die energetische Haltung des „Ausstrahlens der Core-Energie" einnimmst.

Ausstrahlen der Core-Energie (eine energetische Haltung)

Hier ist eine einfache Übung zum Gebrauch in alltäglichen Situationen, genannt „Ausstrahlen der Core-Energie".

1. Richte deine Aufmerksamkeit auf dein „Unteres Zentrum". Spüre, fühle, stelle dir vor oder denke dir einen goldenen Ball von Energie, etwa 60 Zentimeter unterhalb deiner Füße. Während du deine Aufmerksamkeit auf dein „Unteres Zentrum" richtest, leite deine Energie hinunter und gebe die Absicht für eine starke Verbindung. Nimm dir einen Moment Zeit und fühle dich wohl bei der Vorstellung, gut geerdet zu sein.

2. Richte deine Aufmerksamkeit auf dein „Oberes Zentrum". Spüre, fühle, stelle dir vor oder denke dir einen goldenen Ball von Energie 60 Zentimeter oberhalb deines Kopfes. Während du deine Aufmerksamkeit auf dein „Oberes Zentrum" richtest, leite deine Energie nach oben und gebe die Absicht für eine starke Verbindung. Genieße das Öffnen zu deinen höheren Energien.

3. Nun erteile die Absicht, deine „Core-Energie" in alle Richtungen auszustrahlen, wie ein glitzerndes, fluoreszierendes Leuchtfeuer. Und noch einmal fühle, spüre, stelle dir vor, oder denke an das Empfinden, „Core-Energie" auszustrahlen. Wenn du diese energetische Haltung einnimmst, wird spirituelle Intelligenz (und vieles mehr) für dich verfügbar.

Wenn du mit dieser Übung vertraut bist, brauchst du nur kurz deine Aufmerksamkeit auf diese Energiezentren zu richten. Du wirst bemerken, wie einfach und fast automatisch es dann abläuft: *„Unteres Zentrum, Oberes Zentrum, Core-Energie ausstrahlen".* Praktiziere diese Haltung, so dass du täglich in ihr lebst.

Ein Hauptmerkmal des Ausstrahlens und Stärkens der Core-Energie ist ein Gefühl tiefen Friedens, ganz gleich was in deinem Leben gerade geschieht. Wenn du deine Core-Energie ins Gleichgewicht bringst und ausstrahlst, strahlst du Frieden aus. Du kannst das im Stillen zu Hause tun, auf einem Berggipfel oder beim Schlangestehen im Supermarkt. Während du diese Haltung einnimmst, kannst du eine Frage stellen oder einfach wahrnehmen was du fühlst, ohne irgendetwas zu fragen. Du wirst feststellen, dass oft ein Zufall, eine Synchronizität, sich in deinem Leben einstellt, der dir in deiner derzeitigen Lebenssituation weiterhilft. Vielleicht trägt dieses Stehen in der Core-Energie dazu bei, diese Zufälle in dein Leben zu rufen. Ich möchte dich einladen, über dein Leben nachzudenken, darüber, was es für dich bedeutet, den höchstmöglichen Zustand der Erleuchtung für dein Leben zu ko-kreieren.

Namaste, lieber Leser
Peggy Phoenix Dubro

Anwendung der Practice-Mastery-Karten

In dieser Schachtel sind 44 Karten mit den Eigenschaften der Meisterschaft. Ihre Definitionen sind absichtlich einfach und sollen Gedanken und Verständnis dafür wecken, was jede einzelne Eigenschaft für dich bedeutet. Wenn du nun bereit bist,

- **Wähle eine Eigenschaft, die du gerne entwickeln möchtest,** oder in dir stärken möchtest
- **Lies die Definition auf der Rückseite der Karte, die du gewählt hast**
- **Werde dir darüber klar,** was diese Eigenschaft für dich bedeutet
- **Schau dir das Bild auf der Vorderseite der Karte an.** Lass dir etwas Zeit und denke über die Idee nach, die du gerade entwickelst, während du weiter das Bild betrachtest
- **Strahle Core-Energie aus.*** (Wahlweise, siehe Seite 25)
- **Sage laut oder leise.** „Ich heiße Gelegenheiten willkommen, die Eigenschaft von_____in meinem täglichen Leben mit Anmut zu praktizieren. Beim Praktizieren meiner Meisterschaft ko-kreiere ich den höchstmöglichen Zustand der Erleuchtung für mein Leben!"

Wenn du eine Eigenschaft der Meisterschaft praktizieren möchtest, die nicht von einer der Karten repräsentiert wird, wähle die Karte ohne Attribut auf der Vorderseite – die „Welt-Karte" und verfahre dann wie oben beschrieben.

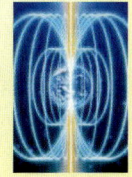

Ausbildung mit Zertifikat Phasen I-IV

Jeder kann lernen, Practitioner der *EMF Balancing Technique*® zu werden. Es ist eine einfache Methode, in der wir uns mit sanften und anmutigen Bewegungen den Kontakt von Mensch zu Mensch zunutze machen. Die Energie ist selbst-regulierend und selbst-ausrichtend.

Universal Calibration Lattice® *(Universelles Kalibrier Gitter) Workshop*

Dieser eintägige Workshop beinhaltet wichtige Informationen für jeden und ist Voraussetzung für die Basis Practitioner Ausbildung. Wir befassen uns mit dem Universal Calibration Lattice® (UCL) und seinem Einfluss auf das tägliche Leben und das spirituelle Wachstum, und erlernen einzigartige Energieübungen, um die Fähigkeit des Ko-Kreierens zu erhöhen.

Basic Practitioner Ausbildung mit Zertifikat
Phase 1 – Weisheit und Emotionen

Bringt Kopf und Herz in Balance, bewirkt Stressminderung und ein Energiemuster von Frieden und Wohlgefühl. Die verbale Zustimmung des Klienten, Anteil zu nehmen, erlaubt den Selbstheilungsprozess.

Phase II – Selbst-Ausrichtung und Selbst-Unterstützung

Löst auf sanfte Weise karmischen Themen. Die daraus resultierenden neuen Perspektiven fördern Wahrnehmen der Ausrichtung und Unterstützung von innen heraus, so dass nun mehr Energie zur Verfügung steht.

Advanced Practitioner Ausbildung mit Zertifikat
Phase III – Ausstrahlen der Core-Energie

Erfahre deine spirituelle Intelligenz. Die Energiezentren richten sich aus und verstärken den Ausdruck des Herzzentrums. Lebe deine Wahrheit in deinem alltäglichen Leben.

Phase IV – Energetische Vollendung

Balance mit Hilfe des Prismas des persönlichen Potentials. Dynamische und kreative Verbindung für die Kommunikation mit dem Potenticllcn Selbst.

Möglichkeit zur Lehrer – Ausbildung mit Zertifikat!

Ausbildung mit Zertifikat Phasen V-VIII

Die ersten vier Phasen der *EMF Balancing Technique*® haben die energetische Grundlage geschaffen, die Fähigkeit zu stärken, den höchstmöglichen Zustand der Erleuchtung im eigenen Leben zu ko-kreieren. Der Fokus der Phasen V-VIII ist das Praktizieren der Meisterschaft im täglichen Leben. Diese Phasen stärken die energetischen Muster der Meisterschaft und führen zu einem größeren Ausdruck der Eigenschaften der Meisterschaft, die du schon in dir trägst.

Überblick über eine Sitzung „Meisterschaft Praktizieren"
Jedes Mal ist eine Sitzung so einmalig wie ein Fingerabdruck....

Vor Beginn jeder Sitzung der Phasen V-VIII nimmt sich der EMF-Practitioner Zeit für eine anschauliche Wiederholung und zeigt dem Klienten Abbildungen des Universal Calibration Lattice® sowie der Lichtmuster der Phasen I-IV, um dann die Lichtmuster der Phasen V-VIII vorzustellen.

Phase V: Das Lichtmuster der Unendlichen Liebe.

Das Lichtmuster der Phase V umfasst einen Bereich, der das Herzzentrum, das hohe Herzzentrum, die Kehle, die kleinen Energiewirbel um den Mund und das Zentrum auf der Nasenspitze einschließt.

Phase VI : Das Lichtmuster des Unendlichen Mitgefühls.

In der Phase VI gibt es zwei Lichtmuster, eines an jeder Hand. Der Bereich, der von diesem Lichtmuster umgeben ist, beinhaltet das Energiezentrum in der Handmitte und all die kleinen Energiewirbel an den Fingern.

Phase VII : Das Lichtmuster der Unendlichen Präsenz.

In der Phase VII gibt es zwei Lichtmuster, eines an jedem Fuß. Der Bereich, der von diesem Lichtmuster umgeben ist, beinhaltet das Hauptenergiezentrum auf dem Fußrücken und der Fußsohle und all die kleinen Energiewirbel an der Fußsohle und um die Zehen.

Phase VIII : Das Lichtmuster der Unendlichen Weisheit.

Das Lichtmuster der Phase VIII umfasst alle Lichtpunkte im Gehirn und alle Energiewirbel, die mit dem Kronen – Zentrum verbunden sind. Die Energie und die Farbe aller Lichtmuster in den Phasen V-VIII ist Platin, ein katalytisches Element, das zu der erhöhten Resonanz des Kronen-Zentrums beiträgt.

Heart of the Phoenix

Eintägige Workshops von und mit *Peggy Phoenix Dubro* – weltweit. Erlebe die neue Energie-Dynamik! Ermächtige die Energie des Wandels in dir, um den höchstmöglichen Erleuchtungszustand in deinem Leben zu ko-kreieren!

Jedes menschliche Wesen hat das Recht, seine Ermächtigung zu erkennen und zu manifestieren, jetzt, zu diesem Zeitpunkt.

Für aktuelle Termine und Beschreibungen besuchen Sie unsere web site **www.EMFWorldwide.com**

Referenzen

„Die EMF Balancing Technique® wurde schnell zu einer der praktikabelsten und effektivsten Energiearbeiten, die denjenigen zur Verfügung steht, die sich in der Neuen Energie bewegen".
USA

„Wenn ich einem Klienten eine EMF – Sitzung gebe, „singt mein Herz", das sind die treffendsten Worte, die ich finden kann, um das unglaubliche Gefühl zu beschreiben. Ich bin zutiefst dankbar, dass ich die Möglichkeit ergreifen konnte, diese profunde Energiearbeit zu praktizieren. Ich fühle, dass ich deswegen „hierher" gekommen bin".
South Africa

„Mehr als nur ein Training, diese Technik ist ein Lebensstil, ein Werdegang, ein Schritt in die Zukunft, ein Geschenk, ein Segen. Sehr aufregend".

USA

„Ich erlebte die ursprüngliche Resonanz, wer ich bin, in jeder Faser meines Seins".

Mexico

„Das Umgebensein von Liebe und Vertrauen, das Gefühl einer Familie, war eine wunderbare Resonanz. Das Erreichen eines höheren Energieniveaus war tiefgreifend. Die unendlichen Möglichkeiten, die 44 Eigenschaften der Meisterschaft (und mehr) zu entwickeln, sind kaum auszumalen".

Belgium

„Die Phasen V-VIII vervollständigen und vertiefen die Grundlagen, die in den Phasen I-IV gelegt wurden. Nun verstehe ich warum wir die Arbeit so tun, wie wir sie tun, großartig".

Germany

Le secret de la maîtrise est enfin révélé... la PRATIQUE!!!

Depuis le début de la civilisation, la maîtrise spirituelle a été entourée de mystère et de cérémonies.

Maintenant, le secret est révélé... vous pouvez PRATIQUER la maîtrise dans votre vie quotidienne!

Dans cette boîte vous trouverez notre première offre de 44 attributs de la maîtrise, leurs définition et un livret contenant des instructions très simples pour vous aider alors que vous PRATIQUEZ la maîtrise.

Je sais que vous possédez déjà ces attributs de la maîtrise et bien d'autres.

Ces cartes sont une invitation à encourager l'expression de ces attributs et à renforcer vos aptitudes à cocréer une vie d'éveil en accord avec votre sagesse la plus profonde, innée et combien merveilleuse.

Pensez à ce que vivre la maîtrise signifie pour vous... et PRATIQUEZ.

Dans l'énergie de l'amour,
Peggy Phoenix Dubro

Traduction: **Eva Van den Broeck et Christine Dokman**

Peggy Phoenix Dubro est une conférencière et enseignante renommée, de format international, et est l'initiatrice de l'*EMF Balancing Technique®*. Avec son mari Stephen, elle a fondé **The Energy Extension, Inc.**, une organisation internationale avec des praticiens et des enseignants EMF dans plus de 47 pays. Peggy a développé une compréhension unique du champ énergétique humain composé de fibres de lumière et d'énergie. Depuis sa découverte du UCL en 1988, elle s'est appliquée à dresser le plan du *Universal Calibration Lattice®* (Treillis de Calibrage Universel) dans toute son étendue et elle est l'autorité mondiale en ce qui concerne sa forme et sa fonction. Plus de 24 ans d'expérience dans le domaine de l'anatomie énergétique humaine font d'elle un chef de file sur le plan de l'harmonisation énergétique.

Le Secret tout simple de la Maîtrise[3]

Pensez aux attributs de la maîtrise. Que signifie la maîtrise pour vous? Amour inconditionnel, paix, sagesse, humour? Lorsque je pose cette question pendant une formation, la liste peut devenir très longue, lorsque les gens réfléchissent à ce qui caractérise pour eux un "maître".

---

3. *Un Monde de Conscience*, pp 73-74.

J'adore raconter aux gens le secret de la maîtrise. Je parle aux étudiants de toutes les initiations que j'ai eues, des marques qu'elles ont laissées sur mon corps – et il y a des choses dont je ne leur parle même pas – tout cela pour connaître ma propre maîtrise. Et tout aboutit à ceci... êtes-vous prêts? De toutes mes années de recherche émerge le secret de la maîtrise, en un simple mot: c'est la PRATIQUE! Pratiquez votre compassion, pratiquez votre amour, et pratiquez votre sagesse. Pratiquez tout ce qui relève pour vous de la maîtrise. Pratiquez la patience, avec vous-même, votre famille, vos amis, et avec tout être humain avec qui vous entrez en contact. Plus vous pratiquez quelque chose, meilleur vous devenez.

L'opportunité de pratiquer la maîtrise existe abondamment dans la vie quotidienne. De quoi devons-nous devenir maître, si ce n'est de notre propre vie? Votre vie, exactement telle quelle est maintenant, vous offre toutes les situations appropriées pour pratiquer la maîtrise. Certains disent: "Nous sommes des maîtres et nous avons seulement besoin de nous le rappeler" ou bien, "Je suis un maître et je le sais". D'autres disent: "Comment? Moi, un maître? Vous plaisantez!". Peu importe votre compréhension; la maîtrise, comme l'éveil, n'est pas quelque destination lointaine. C'est une façon de vivre la vie ici et maintenant et un maître véritable grandit sans cesse dans sa capacité à cocréer la vie la plus éveillée qui soit!

Des changements se passent dans la vie, et vous pouvez découvrir qu'il y a des situations où vous tenez très bien dans votre maîtrise. Vous vous conduisez selon vos principes les plus élevés. Et puis il y aura des situations où vous ne maintiendrez pas aussi bien votre maîtrise. Vous ne vous conduirez pas selon votre compréhension la plus élevée et l'expression de votre maîtrise sera perdue. Lorsque ceci se passe, pensez à comment vous auriez préféré répondre à cette situation. Et puis, comme dans la chanson, relevez-vous, dépoussiérez-vous et repartez. Je vous le promets, l'Univers vous donnera une occasion de pratiquer à nouveau! (et encore et encore!)

Quels que soient les attributs qui ont un sens pour vous, vous vous découvrirez plus d'aptitude et de force pour être dans votre propre maîtrise lorsque vous vous tenez dans la posture du Rayonnement de l'Énergie Centrale.

Rayonner l'Énergie Centrale (une posture énergétique)

Voici un exercice facile appelé "Rayonner l'Énergie Centrale" à utiliser dans les situations du quotidien.

1. Portez votre attention vers votre centre d'en bas. Ressentez, percevez, imaginez ou pensez à une boule d'énergie dorée, située 60 centimètres sous vos pieds. Tandis que vous centrez votre attention sur votre centre d'en bas, laissez couler votre énergie vers le bas et exprimez l'intention d'une connexion solide. Prenez un moment pour être à l'aise avec la sensation d'être bien ancré.

2. Portez votre attention vers votre centre d'en haut. Ressentez, percevez, imaginez ou pensez à une boule d'énergie dorée, située 60 centimètres au-dessus de votre tête. Tandis que vous centrez votre attention sur votre centre d'en haut, laissez couler votre énergie vers le haut et exprimez l'intention d'une connexion solide. Goûtez la sensation de vous ouvrir à vos énergies élevées.

3. Maintenant, exprimez l'intention de rayonner votre énergie centrale dans toutes les directions, telle la lumière brillante et fluorescente d'un phare. Lorsque vous maintenez votre énergie dans cette posture, l'intelligence spirituelle (et bien plus encore) vous devient disponible.

Après vous être familiarisé avec le déroulement de cet exercice, il vous suffira de vous concentrer brièvement sur ces centres énergétiques. Vous vous rendrez compte que cela devient automatique et très facile de vous dire "centre d'en bas, centre d'en haut, rayonner l'énergie centrale", et puis, silencieusement ou à voix haute, d'exprimer l'intention de rayonner l'énergie centrale. Pratiquez cette posture afin de pouvoir la vivre quotidiennement.

Une caractéristique essentielle liée au rayonnement et au renforcement de l'énergie centrale est un sentiment de paix profonde, quoi qu'il puisse se passer dans votre vie. Lorsque vous équilibrez et rayonnez votre énergie centrale, vous rayonnez la paix. Vous pouvez le faire dans la tranquillité de votre maison, au sommet d'une montagne, ou en faisant la queue au supermarché. Vous pouvez vous poser une question en étant dans cette posture, ou simplement éprouver ce que vous ressentez sans rien vous demander. Vous remarquerez que bien souvent une coïncidence ou synchronicité peut se produire qui est bénéfique pour vous et pour la situation dans laquelle vous vous trouvez. Maintenir la posture de l'énergie centrale peut contribuer à produire ces coïncidences. Je vous invite à penser à votre vie et à ce que signifie pour vous cocréer la vie la plus éveillée qui soit.

Namaste, cher lecteur
Peggy Phoenix Dubro

Utiliser les "Cartes de Pratique de la Maîtrise"

Il y a 44 attributs de la maîtrise dans cette boîte de cartes. Leur définition est intentionnellement simple, destinée à inspirer la pensée et la compréhension de ce que l'attribut signifie pour vous. Lorsque vous êtes prêt,

- **Choisissez un attribut que vous souhaiteriez développer** ou renforcer en vous

- **Lisez la définition au dos de la carte que vous avez choisie**
- **Créez dans votre esprit une idée claire** de ce que signifie cet attribut pour vous
- **Regardez l'illustration représentée sur la carte.** Prenez quelques moments et pensez à cette idée que vous venez de créer dans votre esprit tout en regardant l'illustration
- **Rayonnez l'Énergie Centrale*** (facultatif – voir page 36)
- **Dites à voix haute ou silencieusement**: "J'accueille les occasions de pratiquer avec grâce l'attribut de _____ dans ma vie quotidienne. Alors que je pratique ma maîtrise, je cocrée la vie la plus éveillée qui soit!".

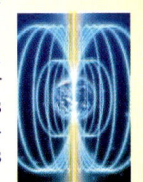

Si vous souhaitez pratiquer un attribut qui n'est représenté sur aucune des 44 cartes, choisissez la carte sans nom d'attribut – la "carte du monde" et puis procédez comme décrit ci-dessus.

Formation de Praticiens Phase I-IV

Chacun peut se former à devenir un praticien de l'*EMF Balancing Technique®*, une méthode simple, d'humain à humain, qui utilise des mouvements gracieux et doux. L'énergie a la capacité de s'autoréguler et de s'autodiriger.

Atelier "Universal Calibration Lattice®" (Treillis de Calibrage Universel)

Cet atelier d'un jour comprend des informations importantes pour chacun et est un prérequis pour la formation de praticiens de base. Étudiez le "Universal Calibration Lattice®" (UCL) et apprenez comment il influence la vie quotidienne et la croissance spirituelle. Apprenez des exercices énergétiques uniques pour améliorer vos capacités de cocréation.

Certification de Praticien de Base
Phase I – Sagesse et Etnotions

Equilibrez la tête et le cœur, menant à un relâchement du stress et un schéma énergétique de liberté et de bien-être. Impliquez un accord verbal du receveur qui, ainsi, participe à et permet le processus de guérison.

Phase II – Autodirection et autosoutien

Libérez gracieusement les nœuds karmiques. Les nouvelles perspectives qui en résultent favorisent la conscience du soutien et de la guidance intérieure, vous offrant plus d'énergie disponible maintenant.

Certification de Praticien Avancé
Phase III – Rayonnement de l'énergie centrale

Faites l'expérience de votre intelligence spirituelle. Vivez l'alignement des centres énergétiques, renforçant votre expression par le centre du cœur et restez dans votre vérité dans la vie quotidienne.

Phase IV – Accomplissement énergétique

Par l'harmonisation du Prisme du Potentiel Personnel, une connexion dynamique et créatrice se déploie pour communiquer avec votre Moi Potentiel.

Formations d'Enseignants Certifiés possibles!

Formation de Praticiens Phase V-VIII

Les quatre premières phases de l'*EMF Balancing Technique*® ont créé une fondation énergétique qui soutient votre capacité à "cocréer la vie la plus éveillée qui soit". Dans les Phases V à VIII de l'*EMF Balancing Technique*®, l'accent est mis sur la Pratique de la Maîtrise dans la vie quotidienne. Ces phases renforcent les configurations énergétiques de la maîtrise et mènent à une expression plus complète des attributs de la maîtrise que vous portez déjà en vous.

Vue générale d'une session de pratique de la maîtrise

Chaque fois qu'une session est offerte, elle est aussi unique qu'une empreinte digitale...

Avant de commencer une session d'une des Phases V à VIII, le praticien EMF prend quelques minutes pour une revue en images, présentant au client des illustrations du Treillis de Calibrage Universel, des schémas énergétiques des Phases Ià IV, et puis introduisant les schémas énergétiques des Phases V à VIII.

Phase V- Schéma de l'Amour Infini

Le Schéma de la Phase V englobe une région qui comprend le Centre du Cœur, le Haut Centre du Cœur, la gorge, tous les petits vortex énergétiques autour de la bouche et le centre énergétique du bout du nez.

Phase VI – Schémas de la Compassion Infinie

Il y a deux schémas différents pour la Phase VI, un pour chaque main. La région que chaque schéma englobe comprend le centre énergétique du milieu de la main et tous les petits vortex énergétiques des doigts.

Phase VII – Schémas de la Présence Infinie

Il y a deux schémas différents pour la Phase VII, un pour chaque pied. La région que chaque schéma englobe comprend le centre énergétique principal sur et sous le pied, et tous les petits vortex énergétiques des plantes des pieds et autour des orteils.

Phase VIII – Schéma de la Sagesse Infinie

Le Schéma de la Phase VIII englobe tous les points de lumière du cerveau et tous les vortex énergétiques associés au Centre de la Couronne. Tous les schémas des Phases V à VIII ont l'énergie et la couleur platine, ce qui signifie un élément catalytique contribuant à la résonance accélérée du Centre de la Couronne.

Le Coeur du Phénix

Une série d'ateliers d'une journée présentés dans le monde entier par *Peggy Phoenix Dubro*.

Expérimentez la dynamique de la nouvelle énergie! Renforcez les énergies de transition en vous pour cocréer la vie la plus éveillée qui soit! Chaque être humain a le droit de connaître et de manifester sa puissance personnelle sans attendre.

Visitez **www.EMFWorldwide.com** pour les dates et la description des prochains ateliers.

Témoignages

"L'EMF Balancing Technique® est rapidement devenu un des programmes les plus pratiques et efficaces à la disposition de ceux qui s'avancent dans la Nouvelle Énergie."
USA

"Lorsque je donne une session EMF à un client, mon 'coeur chante', ce sont les mots qui expriment le mieux ce sentiment incroyable. Je suis profondément reconnaissante qu'il m'ait été donné l'opportunité de pratiquer cette technique si profonde. J'ai l'impression que c'est ce que je suis venu fore 'ici'."
South Africa

"Plus qu'une simple formation, cette technique est une façon de vivre, une carrière, un bond dans le futur, un cadeau, une bénédiction. Sensationnel!"
USA

"J'ai fait l'expérience de la résonance originelle de qui je suis dans chaque fibre de mon être."
Mexico

"L'atmosphère d'amour et de confiance, la sensation de la famille était une très belle résonance. L'intensification du niveau d'énergie fut profonde – les possibilités infinies de développer les 44 attributs (et plus) de la maîtrise confondent l'imagination."
Belgium

"Les Phases V-VIII prolongent/approfondissent les fondations construites dans les Phases I-IV. Maintenant je comprends pourquoi nous faisons le travail de cette façon – remarquable."
Germany

El secreto de la maestría finalmente ha sido revelado ¡¡¡...PRÁCTICA!!!

Desde los inicios de la civilización, la maestría espiritual ha estado rodeada de misterio y ceremonia.

Ahora el secreto salió a la luz... ¡puedes PRACTICAR maestría en tu vida diaria!

En esta caja vas a encontrar nuestra primera oferta de 44 atributos de maestría, sus definiciones, y un folleto con instrucciones simples para ayudarte, conforme PRACTICAS maestría.

Sé que posees estos atributos de maestría, y muchos más. Estas cartas son una invitación para alentar la expresión de estos atributos e incrementar tu habilidad de co-crear una vida iluminada según tu íntima, innata y más maravillosa sabiduría.

Piensa en lo que significa para ti vivir en maestría y... PRACTICA.

En la energía del amor,
Peggy Phoenix Dubro

Traducción: ***Adriana Colotti***

Peggy Phoenix Dubro es una conferencista internacional distinguida, maestra y creadora de la *EMF Balancing Technique®*. Junto con su esposo Stephen, es co-fundadora de **The Energy Extension, Inc.**, una organización internacional con Profesionales y Maestros EMF en más de 47 países. Peggy ha desarrollado una comprensión única del campo de energía humana como fibras de luz y energía. Desde el descubrimiento del UCL en 1988, diligente y extensivamente hizo un mapa del *Universal Calibration Lattice®* (Entramado de Calibración Universal), siendo la autoridad destacada en el mundo en relación con su forma y función. Tiene más de 24 años de experiencia trabajando con la anatomía de energía humana, y se ha revelado como líder en el campo del equilibrio de energía.

El Muy Simple Secreto de Maestría[4]

Piensa en los atributos de maestría. ¿Qué significa maestría para ti? ¿Amor incondicional, paz, sabiduría, humor? Cuando hago ésta pregunta en clase, la lista puede ser muy larga conforme la gente describe sus pensamientos sobre lo que caracteriza a un "maestro."

Me encanta decirle a la gente el secreto de la maestría. Les cuento sobre todas las iniciaciones que tuve, de las marcas en mi cuerpo – y he hecho cosas que ni siquiera les cuento – todo en

---

4. *Elegant Empowerment (Empoderamiento Elegante)*, pp 72.73.

nombre de conocer mi propia maestría. Todo se reduce a esto... ¿están listos? En todos mis años de búsqueda, el secreto de la maestría, en una simple palabra, es ¡PRÁCTICA! Practica tu compasión, practica tu amor, y practica tu sabiduría. Practica lo que sea que signifique maestría para ti. Practica paciencia, contigo mismo, tu familia, tus amigos y con cada ser humano con el que entres en contacto. Más practicas algo, mejor te vuelves.

La oportunidad de practicar maestría abunda en la vida diaria. ¿De qué volvernos maestros, sino de nuestras propias vidas? Tu vida, exactamente como es justo ahora, te provee con todas las situaciones apropiadas que necesitas para practicar maestría. Hay aquellos que dicen, "Somos maestros y sólo necesitamos recordar eso." O, "Soy un maestro y lo sé." Y también hay aquellos que dicen, "¿Qué? ¿Yo, un maestro? ¡Debes estar bromeando!" No importa cuál sea tu comprensión, la maestría, como la iluminación, no es un destino distante. Es una manera de vivir la vida justo aquí y justo ahora, y un maestro verdadero está creciendo constantemente en la habilidad de co-crear ¡la vida más iluminada que pueda!

El cambio sucede en la vida, y vas a encontrar que en algunas situaciones sostienes tu maestría muy bien. Te vas a conducir de acuerdo con tus estándares superiores. Después va a haber situaciones en las que no vas a sostener tu maestría muy bien. No te vas a conducir de acuerdo con tu comprensión superior y la expresión de tu maestría se perdió. Cuando esto suceda, piensa en cómo hubieras preferido responder en la situación. Después, justo como en la canción, levántate, sacúdete y empieza de nuevo. Te prometo que ¡el Universo te va a dar la oportunidad de practicar de nuevo! (¡y de nuevo y de nuevo!)

Cualesquiera atributos son significativos para ti, vas a encontrar habilidad incrementada y fortaleza para posicionarte en tu propia maestría cuando sostienes la postura de Irradiar Energía Central.

Irradiar Energía Central (una postura energética)

Aquí está un ejercicio simple llamado, "Irradiar Energía Central" para usarlo en situaciones diarias.

1. Enfoca tu atención en tu centro de abajo. Intuye, siente, imagina o piensa en una bola de energía dorada, localizada aprox. 60 centímetros abajo de tus pies. Conforme enfocas tu atención en tu centro de abajo, dirige tu energía para que fluya hacia abajo y da el intento para una fuerte conexión. Tómate un momento para estar a gusto con la sensación de estar bien anclado.

2. Enfoca tu atención en tu centro de arriba. Intuye, siente, imagina o piensa en una bola de energía dorada localizada 60 centímetros arriba de tu cabeza. Conforme enfocas tu atención en tu centro de arriba, dirige tu energía para que fluya hacia arriba y da el intento para una fuerte conexión. Disfruta la sensación de abrirte a tus energías superiores.

3. Ahora, da el intento de irradiar tu energía central en todas direcciones, como un rayo brillante y fluorescente. Una vez más, vas a intuir, imaginar, sentir o pensar en la sensación de irradiar tu energía central. Cuando sostienes tu energía en esta postura, inteligencia espiritual (y mucho más) se vuelve accesible para ti.

Después de familiarizarte con el patrón de este ejercicio, nada más necesitas enfocarte brevemente en estos centros de energía. Vas a encontrar que se vuelve automático y muy fácil el pensar para ti *"centro de abajo, centro de arriba, irradio energía central"*, y después silenciosamente o en voz alta afirma la intención de irradiar energía central. Practica esta postura para que puedas vivir en ella diariamente.

Una característica fundamental de irradiar y fortalecer la energía central es un sentimiento de paz profunda, no importando lo que pueda estar pasando en tu vida. Cuando equilibras e irradias tu energía central, estás irradiando paz. Puedes hacer esto en la quietud de tu propia casa, en la cima de una montaña, o en la fila del supermercado. Puedes hacer una pregunta mientras estás en esta postura, o simplemente experimentar lo que sientes sin preguntar nada. Vas a notar que muy frecuentemente una coincidencia o sincronicidad que es benéfica para ti y la situación en la que te encuentras, puede ocurrir. Sostener la postura de energía central puede contribuir a generar estas coincidencias. Te invito a pensar en tu vida y lo que significa para ti, co-crear la vida más iluminada que puedas.

Namaste, querido lector
Peggy Phoenix Dubro

Usando "Cartas para Practicar Maestría"

Hay 44 atributos de maestría en esta caja de cartas. Sus definiciones son intencionalmente simples, diseñadas para inspirar pensamientos y comprensión de lo que los atributos significan para ti. Cuando estés listo,

- **Escoge un atributo que quisieras desarrollar** o fortalecer en ti mismo
- **Lee la definición en la parte de atrás de la carta que escogiste**

- **Crea una idea clara en tu mente** de lo que este atributo significa para ti
- **Mira la ilustración enfrente de la carta.** Tómate unos momentos y piensa en la idea que acabas de crear en tu mente mientras miras la ilustración
- **Irradia Energía Central*** (opcional – revisa página 46)
- **Di en voz alta o en silencio** – "Doy la bienvenida a las oportunidades de practicar en gracia el atributo de _____ en mi vida diaria. ¡Conforme practico mi maestría, co-creo la vida más iluminada que puedo!"

Si deseas practicar un atributo de maestría que no está representado por una de las 44 cartas, elige la carta sin atributo en el frente – la "carta mundo" y luego procede como describimos arriba.

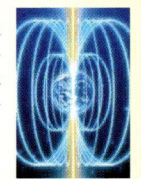

Certificación de Entrenamientos Fases I-IV

Cualquiera puede aprender a ser un profesional de la *EME Balancing Technique®*, un simple procedimiento humano a humano que usa suaves y elegantes movimientos. La energía es auto-regulada y auto-dirigida.

Taller Universal Calibration Lattice®
(Entramado de Calibración Universal)

Este taller de un día contiene información importante para todos, y es un pre-requisito para el Entrenamiento Profesional Básico. Estudia el Universal Calibration Lattice® (UCL) y aprende como afecta la vida diaria y el crecimiento espiritual. Aprende ejercicios de energía únicos para aumentar habilidades co-creativas.

Certificación para el Entrenamiento Profesional Básico
Fase I – Sabiduría y Emociones

Equilibra la cabeza y el corazón, resultando en reducción de estrés y un patrón de energía de libertad y bienestar. Involucra permiso verbal del receptor para participar en y permitir el proceso sanador.

Fase II – Auto Dirección y Auto Apoyo

Grácilmente libera asuntos kárrnicos. La nueva perspectiva resultante promueve la conciencia de dirección y apoyo desde dentro, logrando que mayor energía sea accesible para ti, ahora.

Certificación para el Entrenamiento Profesional Avanzado
Fase III – Irradiar Energía Central

Experimenta tu inteligencia espiritual. Alinea centros de energía, fortaleciendo la expresión a través del centro corazón. Sostén tu verdad en la vida diaria.

Fase IV- Logro Energético

Equilibra a través de tu Prisma de Potencial Personal, una conexión dinámica y creativa para comunicarte con el Ser Potencial.

¡*Disponible el Entrenamiento Certificación Maestro/a!*

Certificación de Entrenamiento Fases V-VIII

Las primeras cuatro fases de la *EMF Balancing Technique®* crearon el fundamento energético para apoyar nuestra habilidad de "co-crear la vida más iluminada que podamos". El enfoque en Fases V-VIII es la Práctica de la Maestría en la vida diaria. Estas fases fortalecen los patrones energéticos de maestría y nos guían a una expresión más plena de los atributos de maestría que ya llevamos dentro.

Perspectiva de una Sesión de Practicar Maestría

Cada vez que se ofrece una sesión, es tan única como una huella digital...

Antes de empezar cada sesión Fase V-VIII, el profesional EMF se toma unos minutos para una revisión pictórica, presentando al cliente ilustraciones del Universal Calibration Lattice, las plantillas energéticas de Fases y luego introduce las plantillas energéticas de Fases V-VIII.

Fase V- Plantilla de Amor Infinito

La plantilla Fase V abarca un área que incluye el Centro Corazón, Centro Alto Corazón, la garganta, todos los pequeños vórtices alrededor de la boca y el centro én la punta de la nariz.

Fase VI – Plantillas de Compasión Infinita

Hay dos plantillas separadas en Fase VI, una para cada mano. El área que abarca cada plantilla, incluye el centro de energía en medio de la mano y todos los pequeños vórtices a través de los dedos.

Fase VII – Plantillas de Presencia Infinita

Hay dos plantillas separadas en Fase VII, una para cada pie. El área que abarca cada plantilla, incluye el centro de energía mayor, arriba y abajo del pie y todos los pequeños vórtices de energía en la planta de los pies y alrededor de los dedos.

Fase VIII – Plantilla de Sabiduría Infinita

La Plantilla Fase VIII abarca todos los puntos de luz contenidos en el cerebro y todos los vórtices de energía asociados con el Centro Corona. La energía y color de todas las plantillas en Fases V-VIII es platino, significando un elemento catalítico que contribuye en una resonancia acelerada del Centro Corona.

Corazón del Phoenix (Fénix)

Una serie de talleres de un día presentados alrededor del mundo por *Peggy Phoenix Dubro*.

¡Experimenta las dinámicas de la nueva energía! ¡Empodera las energías de transición dentro de ti para co-crear tu vida más iluminada! Cada ser humano tiene el derecho de saber y manifestar su empoderamiento, aquí y ahora.

Consulta **www.EMEWorldwide.com** para fechas actualizadas y descripción.

Testimonios

"La EMF Balancing Technique® se ha convertido rápidamente en uno de los programas más prácticos y efectivos disponibles para aquellos caminando en la Nueva Energía."
USA

"Cuando hago una sesión EMF a un cliente mi 'corazón canta', éstas son las palabras más cercanas para describir este sentimiento increíble. Estoy profundamente agradecida de haberme permitido la oportunidad de practicar ésta profunda modalidad. Siento que ésto es lo que vine a "hacer aquí".
South Africa

"Más que mero entrenamiento, esta técnica es una forma de vida, una carrera, un paso al futuro, un regalo, una bendición. ¡Muy excitante!"
USA

"Experimenté la resonancia original de quién soy, presente en cada fibra de mi ser."
Mexico

"El ambiente de amor y confianza, los sentimientos de familia fueron una bella resonancia; La elevación en el nivel de energía fine profunda – las posibilidades infinitas de desarrollar los 44 atributos de maestría (y más) son alucinantes."
Belgium

"Fases V-VIII continúa/profundiza los fundamentos construidos en I-IV. Ahora entiendo porque hacemos el trabajo de la manera en que lo hacemos – brillante."
Germany

Impressão Neo Graf